Ursula Gruß

KOMM, MACH MIT!
Auf dem Bauernhof

nigmax

Impressum

© 2025, nigmax, Alle Rechte vorbehalten.
Nachdruck, auch auszugsweise, verboten.

ISBN: 978-3-98927-009-1

Autorin: Ursula Gruß
Lektorat: Antje Thiel
Illustrator: Ralph Mabalhin
Herausgeber: nigmax- eine Marke von
Tobias Bogdanov
c/o IP-Management #13390
Ludwig-Erhard-Str. 18
20459 Hamburg

E-Mail: kontakt@nigmax.de

Bibliografische Information der Deutschen Nationalbibliothek:
Die Deutsche Nationalbibliothek verzeichnet diese Publikation in der Deutschen Nationalbibliografie; detaillierte bibliografische Daten sind im Internet über http://dnb.d-nb.de abrufbar.

Dieses Buch wurde auf säurefreiem Papier mit chlorfreier Tinte gedruckt.

Das Werk, einschließlich seiner Teile, ist urheberrechtlich geschützt. Jede Verwertung außerhalb der engen Grenzen des Urheberrechtsgesetzes ist ohne Zustimmung des Herausgebers unzulässig. Dies gilt insbesondere für die elektronische oder sonstige Vervielfältigung, Übersetzung, Verbreitung und öffentliche Zugänglichmachung.

www.nigmax.de

Liebe Leserinnen und Leser,
oder besser gesagt, liebe Vorleserinnen und Vorleser,

es freut mich sehr, euch in die lebendige Welt meines Mitmachbuchs „Komm, mach mit! Auf dem Bauernhof" zu entführen. Als Grundschullehrerin habe ich das Glück, täglich mit neugierigen und wissbegierigen Kindern zu arbeiten. Diese Arbeit hat mir auch gezeigt, wie sehr Kinder es lieben, aktiv in Geschichten einzutauchen und selbst Teil des Geschehens zu werden.

Inspiriert von meiner dreijährigen Tochter, die Mitmachbücher über alles liebt, habe ich dieses Buch geschaffen. Es soll nicht nur den Spaß am Lesen fördern, sondern auch die Fantasie anregen und die kleinen Leserinnen und Leser einladen, selbst aktiv zu werden.

Es ist mir ein Anliegen, dass dieses Buch ein gemeinsames Erlebnis wird. Daher empfehle ich, es zusammen mit den Kindern zu entdecken. So wird das Lesen zu einem besonderen Moment, den ihr miteinander genießen könnt. Auch sorgt ihr so dafür, dass das Buch lange Freude bereitet, indem ihr es gemeinsam pflegt und schützt.

Ich wünsche euch und euren Kindern viel Spaß und fröhliche Momente auf dem Bauernhof!

Mit herzlichen Grüßen,
Ursula Gruß

Das ist der **Bauernhof von Tante Lotte.**
Sie wartet schon auf dich!
Kannst du **an die Tür klopfen**, damit sie weiß,
dass du da bist?

Gut gemacht!

Guck mal, wie Tante Lotte sich freut. Sie kann deine Hilfe dringend gebrauchen, denn **auf dem Bauernhof läuft heute alles schief.**

Oh je!
Die Tiere auf dem Bauernhof verschlafen heute alle, weil **Hahn Hugo Halsschmerzen hat** und nicht krähen kann.

Kannst du für ihn **„Kikeriki" rufen?**

Bravo!
Das hätte Hugo nicht besser gemacht.
Jetzt sind **alle Tiere wach.**

Die **Hühner gackern** vergnügt in ihrem Hühnerstall. Tante Lotte fragt sich, **wie viele Eier** sie wohl heute gelegt haben. Kannst du **auf die Eier zeigen und sie zählen?**

Richtig!
Das hast du toll gemacht.
Es liegen **drei Eier** im Stall.

Nun ist es Zeit, die **Schweine zu füttern,** aber sie suhlen sich fröhlich im Matsch. **Klatsche dreimal in die Hände,** damit die Schweine merken, dass es Futter gibt.

Prima!
Da kommen die Schweine angerannt.

Die **Ziege Zoey meckert.** Ihr ist langweilig.
Magst du sie **kitzeln,** um sie aufzuheitern?

Sehr gut!
Jetzt ist Zoey glücklich und zufrieden.

Den **Schafen ist es zu heiß.** Sie müssen geschoren werden, doch sie **laufen aufgeregt umher.** Dabei müssen sie doch stillhalten. Kannst du **für sie singen,** um sie zu beruhigen?

Spitze!
Das hat den Schafen **gut gefallen** und Tante Lotte kann sie jetzt **in Ruhe scheren.**

Die arme Kuh Karla!

Um ihren Kopf schwirren **viele Fliegen** und nerven sie. Kannst du mit deinen **Händen wedeln,** um sie zu verscheuchen?

Wunderbar!
Jetzt hast du die Fliegen verjagt und **Karla hat ihre Ruhe.**

Hoppla! Karlas Euter ist **ganz schön dick.** Kannst du die Zitzen vom Euter **vorsichtig von oben nach unten streichen** und sie so melken?

Die Kaninchen sind hungrig. Tante Lotte hat in einem Korb **frischen Löwenzahn** gesammelt, aber die Kaninchen kommen nicht heran. Kannst du **nach dem Löwenzahn greifen** und ihn **vor den Kaninchen ablegen**?

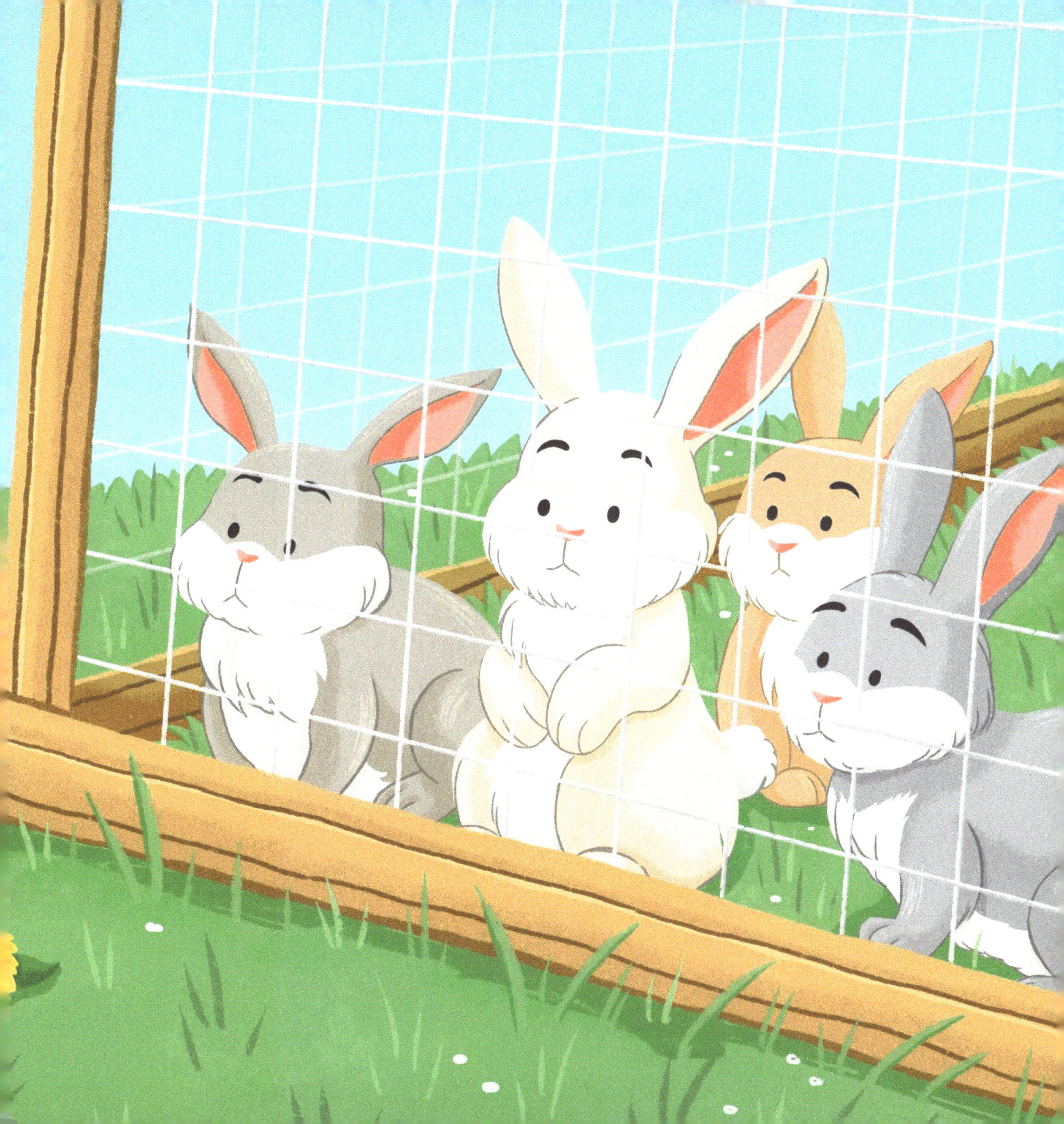

Vielen Dank!
Guck mal, wie zufrieden die Kaninchen das Grünzeug mümmeln.

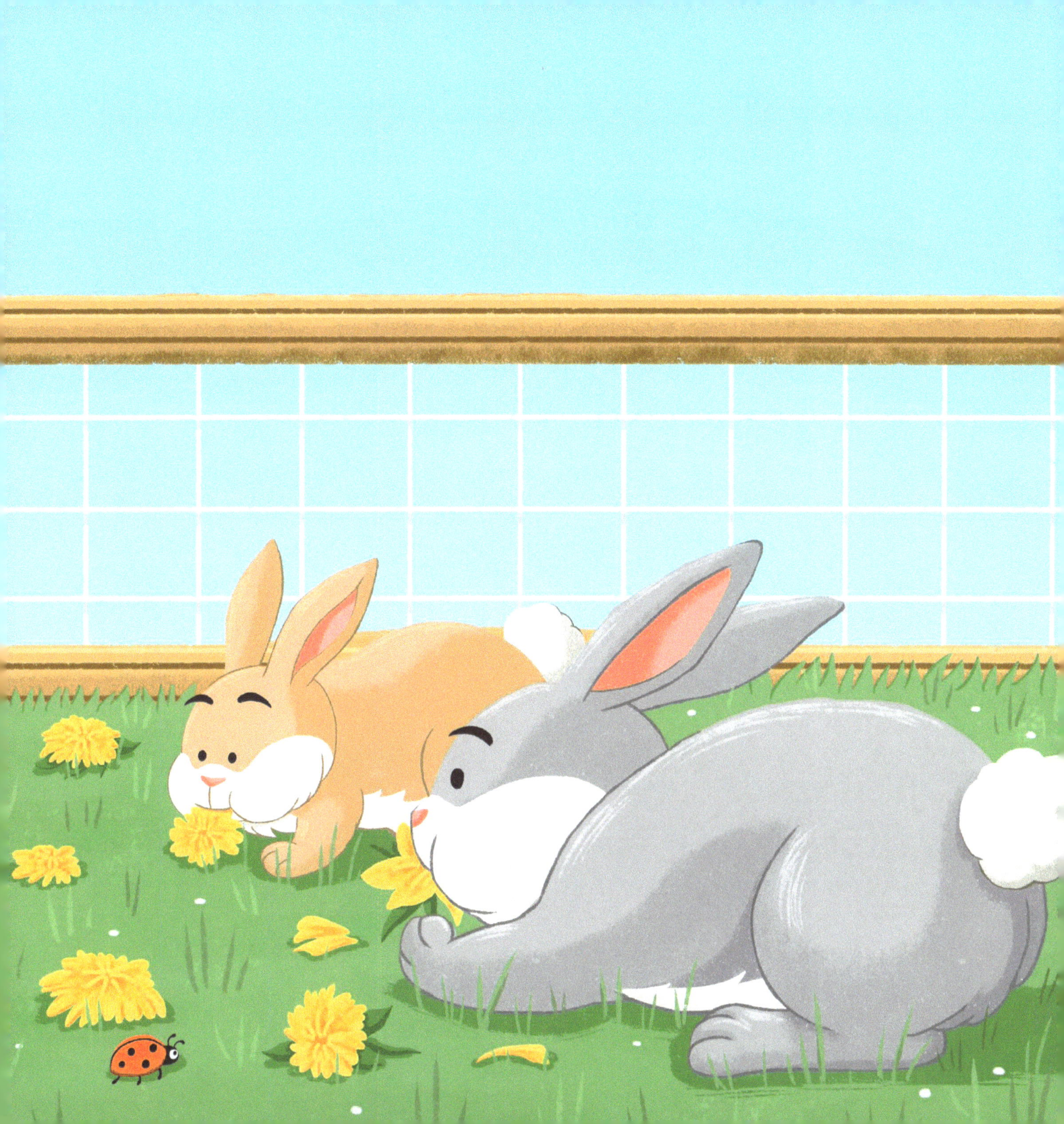

Dem Esel Eddie **juckt** es an seinen Ohren, aber er kann sich dort nicht selbst **kratzen**. Kannst du das **für ihn** übernehmen?

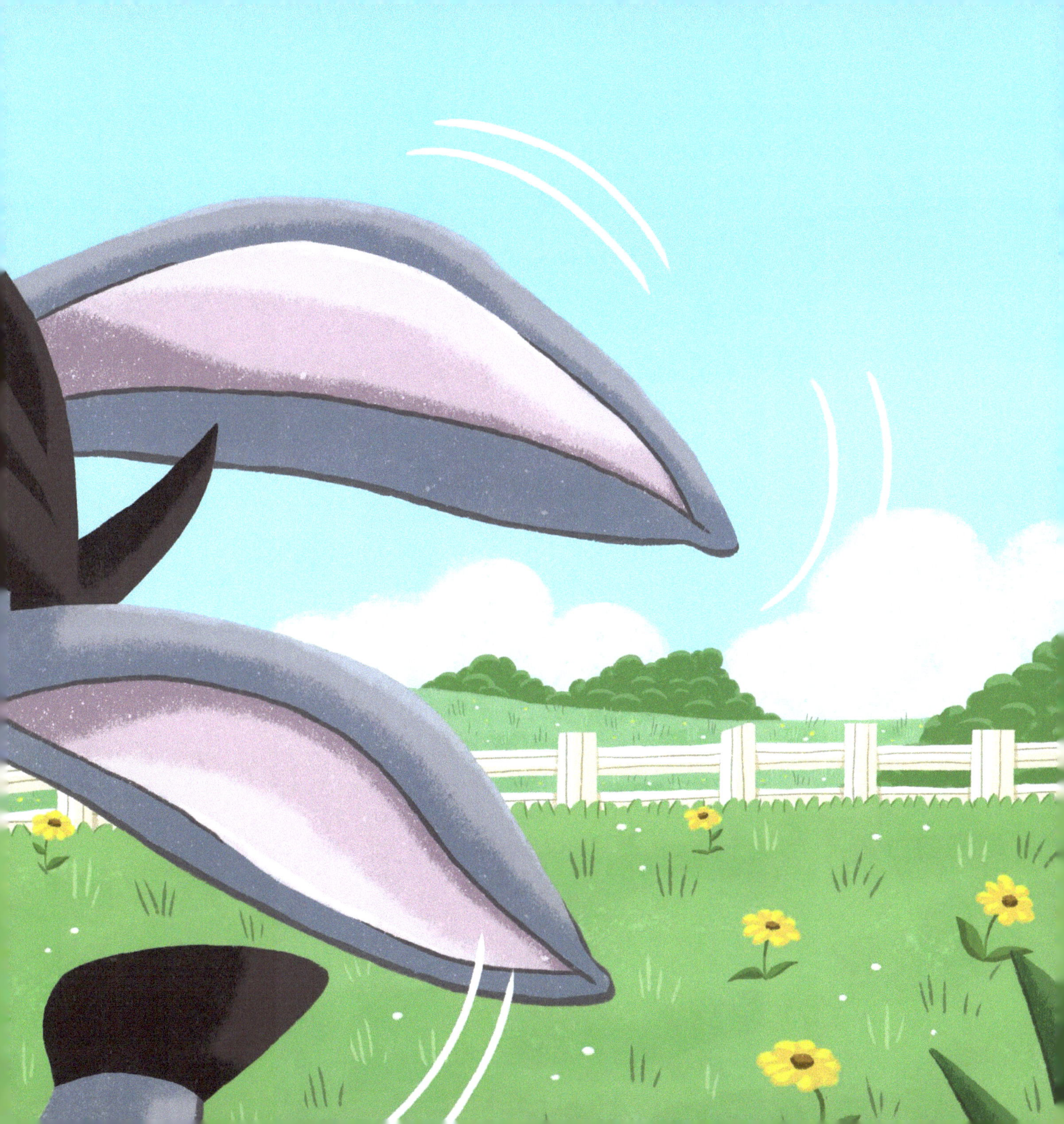

Klasse gemacht!
Eddie bedankt sich bei dir mit einem lauten
„I-Ah".

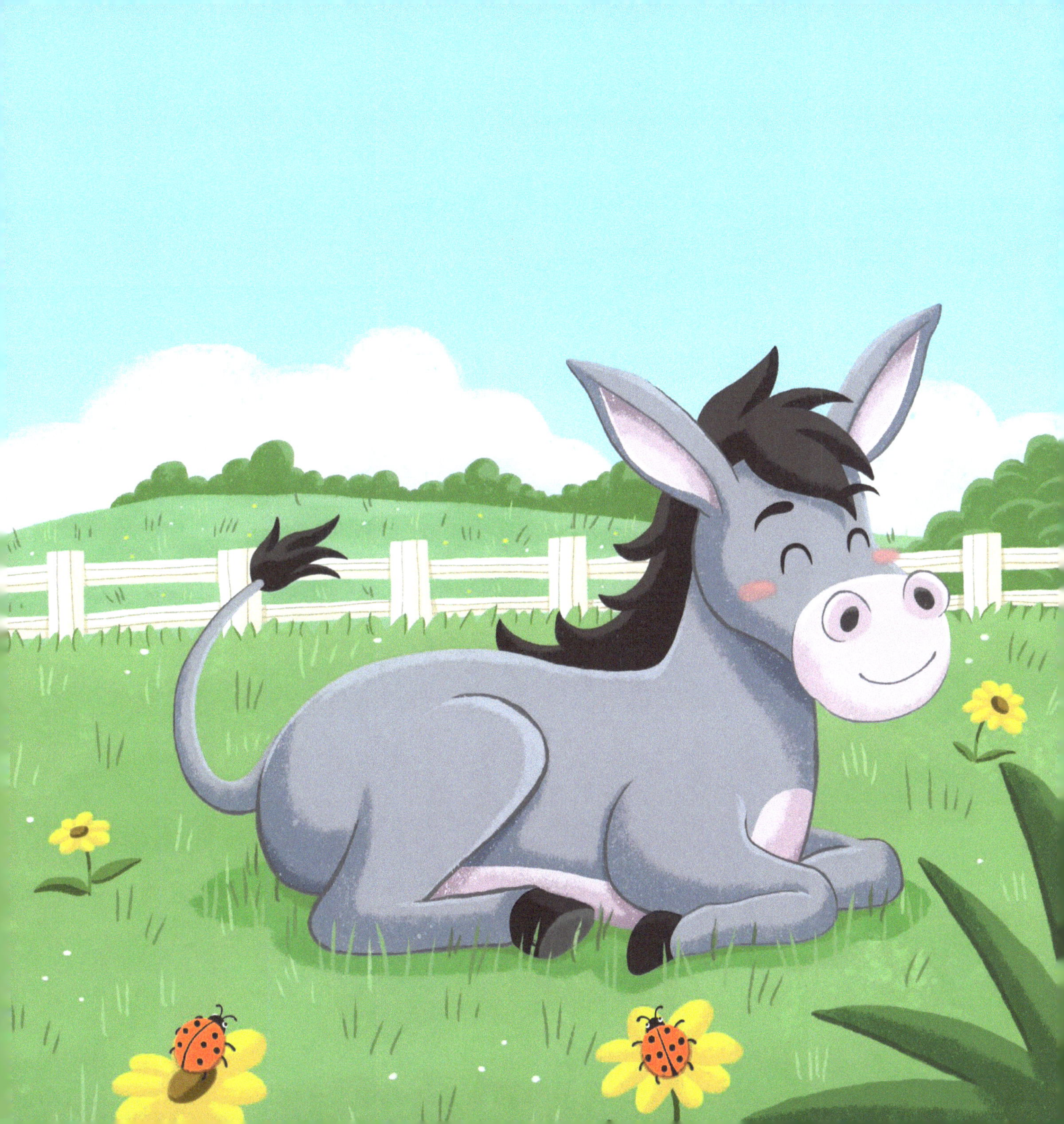

Heute weht kein Lüftchen und **die Windmühle steht still.** Die Mehlkörbe sind leer. Kannst du **kräftig pusten,** damit sich die Windmühle wieder dreht?

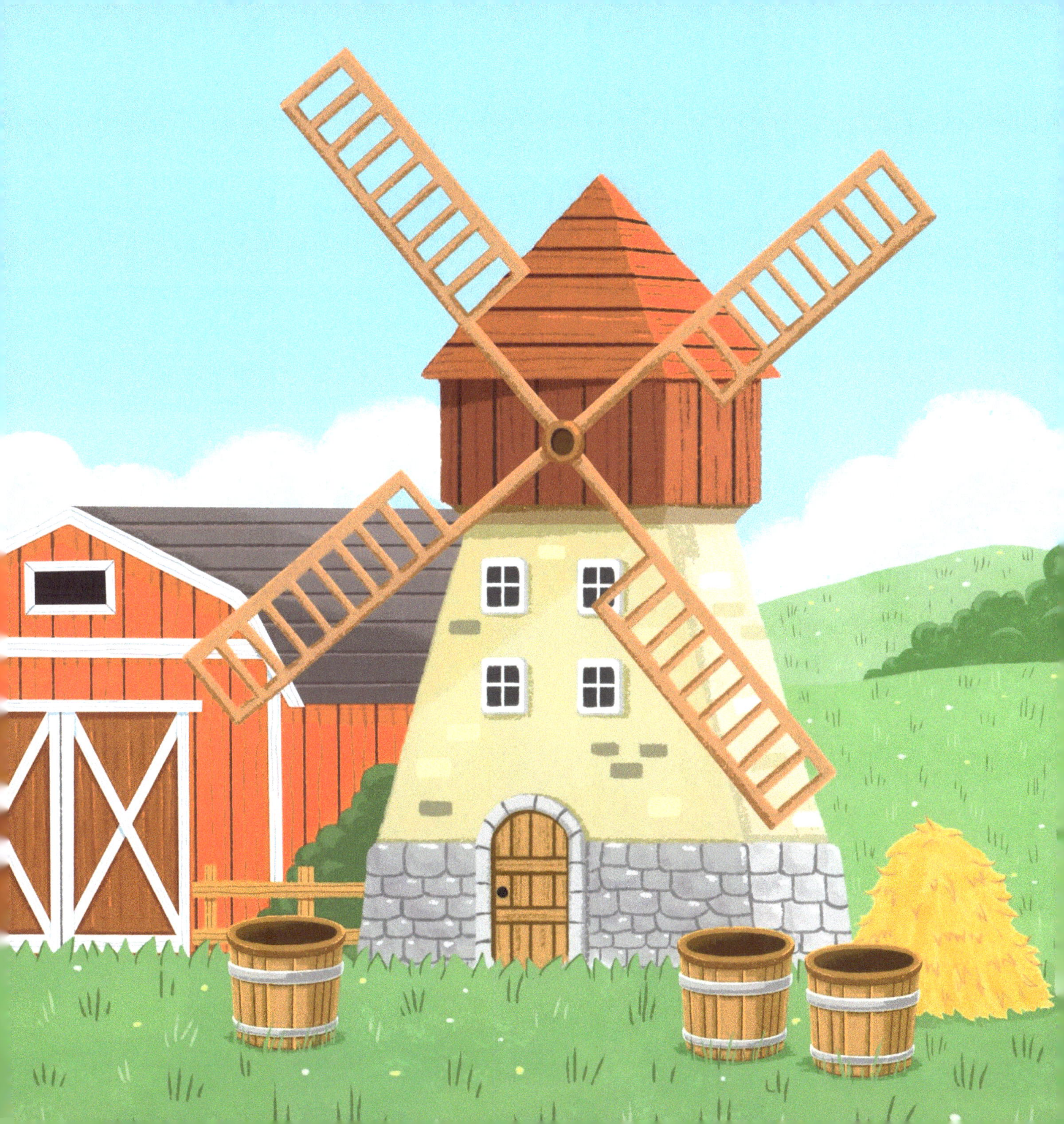

Fabelhaft!
Jetzt laufen die Maschinen wieder und
die Mehlkörbe sind voll.

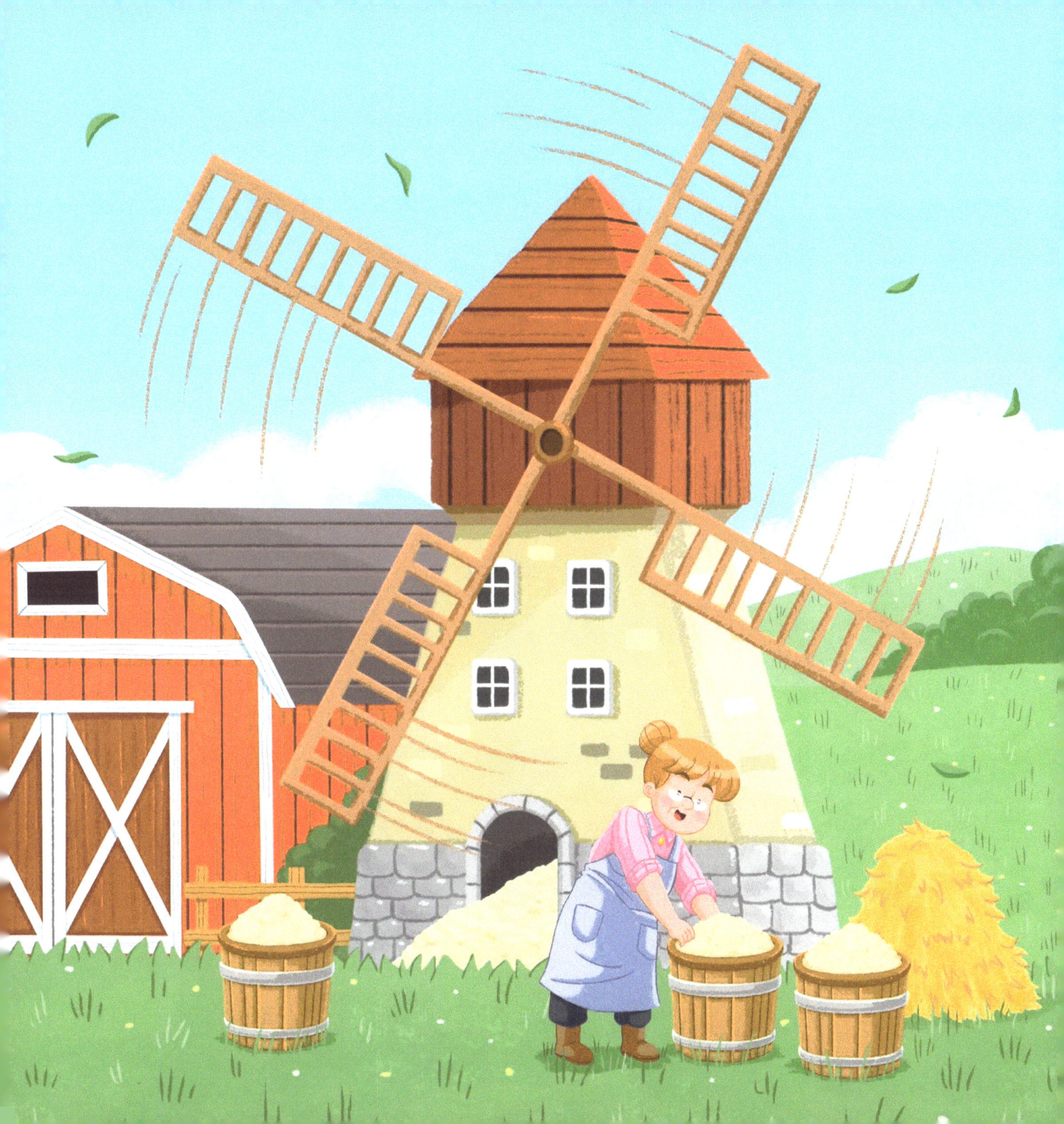

Oh nein, **die Sämaschine ist kaputt!**
Dabei möchte Tante Lotte noch eine Möhrensorte säen.
Kannst du die kleinen Samen **mit der Hand einpflanzen?**
Drücke sie **mit deinen Fingern** tief in die Erde.

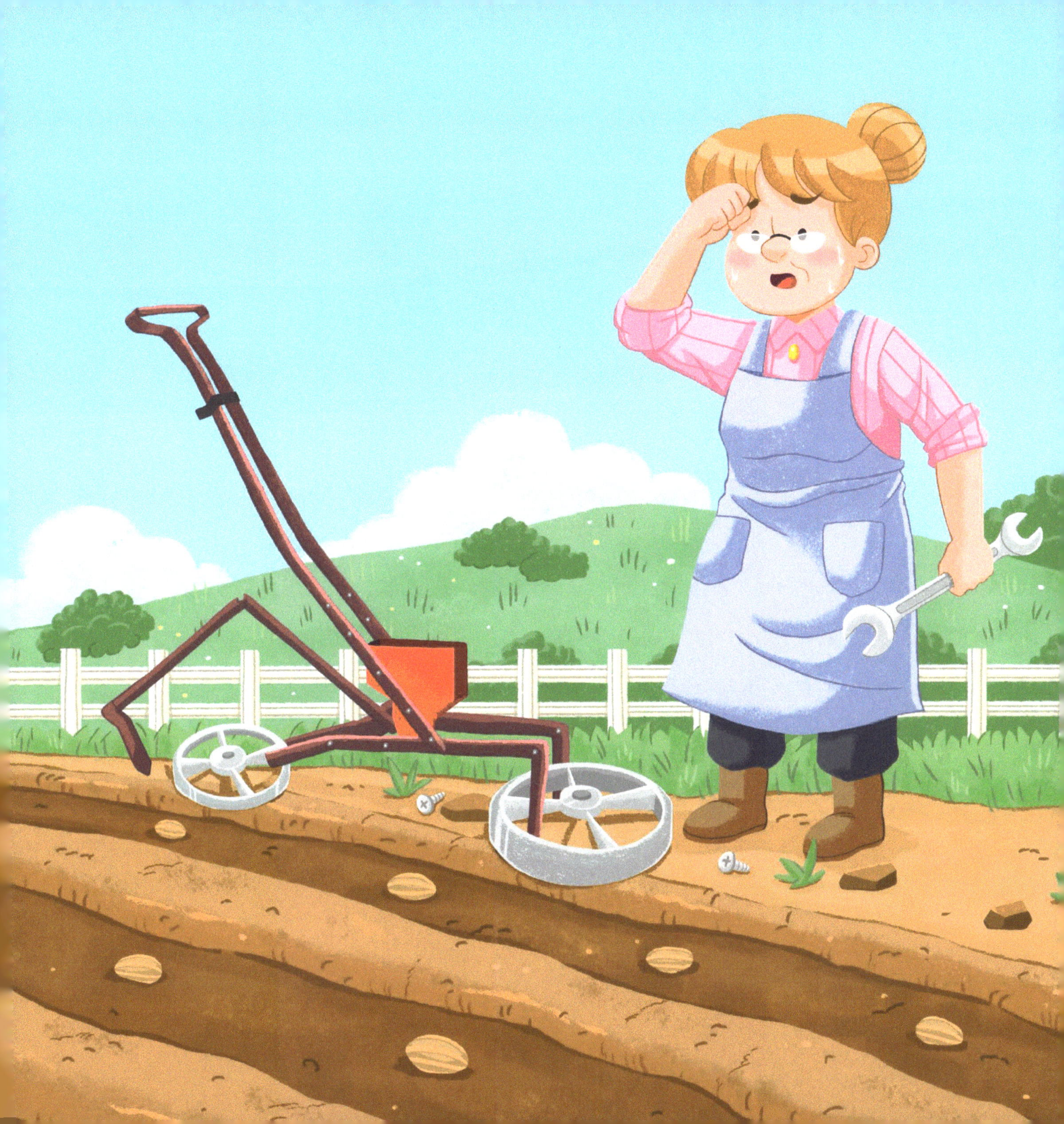

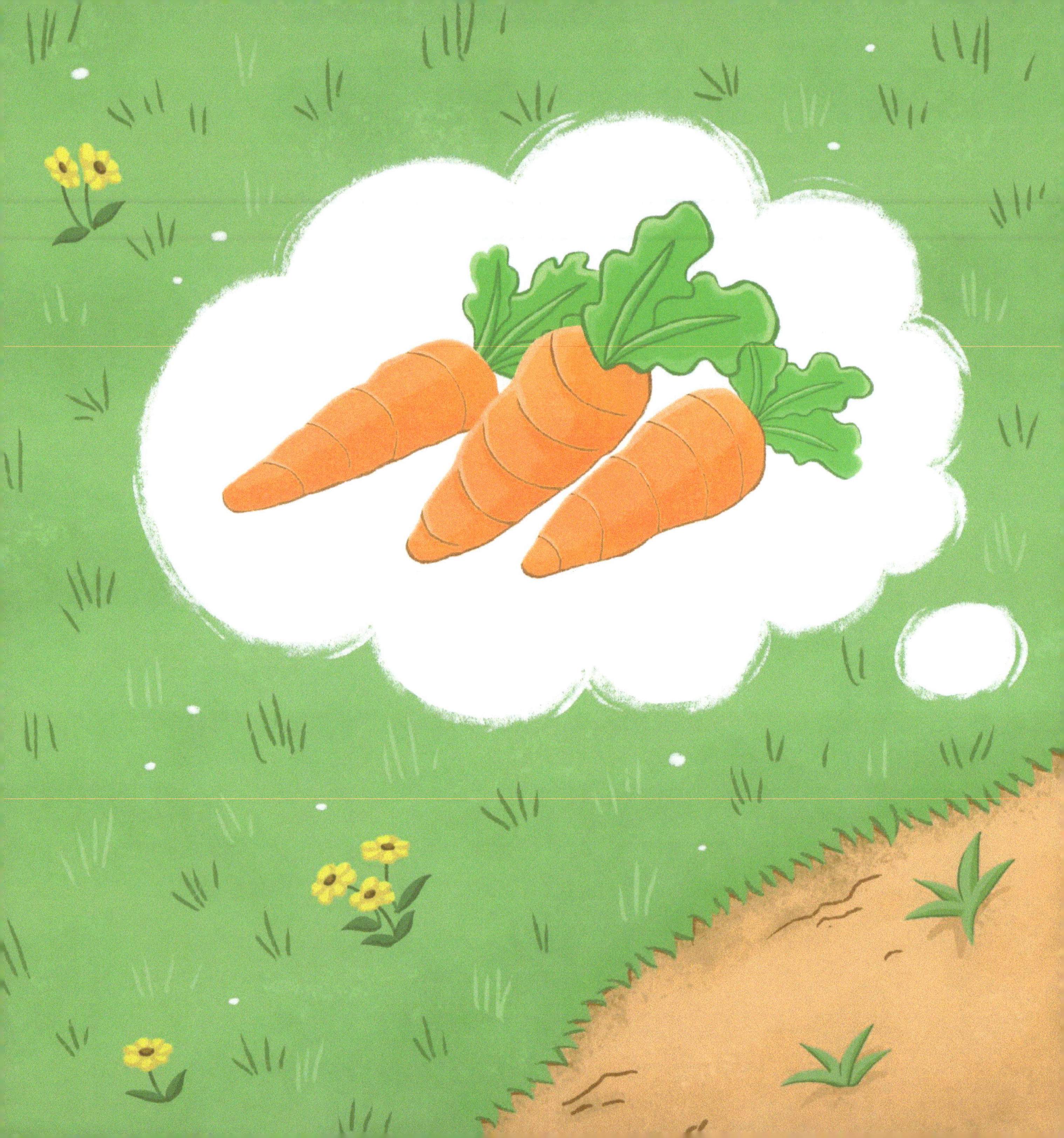

Perfekt!
Tante Lotte freut sich jetzt schon auf die Möhren.

Es ist Zeit für die **Heuernte**. Tante Lotte möchte den Traktor starten, aber sie hat Sorge, dass ein Tier davor liegen könnte. **„Ist der Weg frei?"**, fragt sie dich. Kannst du deinen Daumen hoch zeigen und **laut „Ja"** rufen?

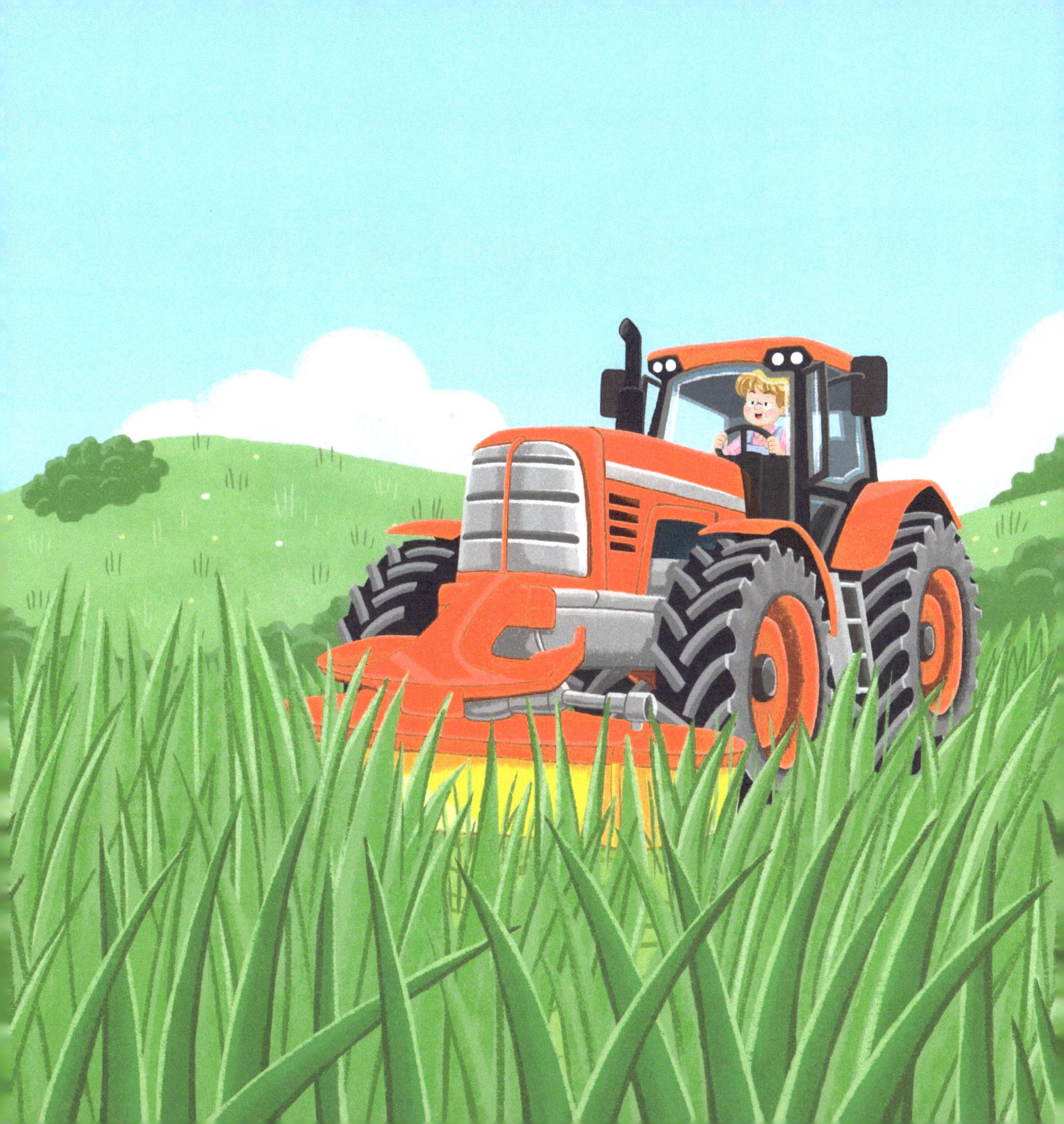

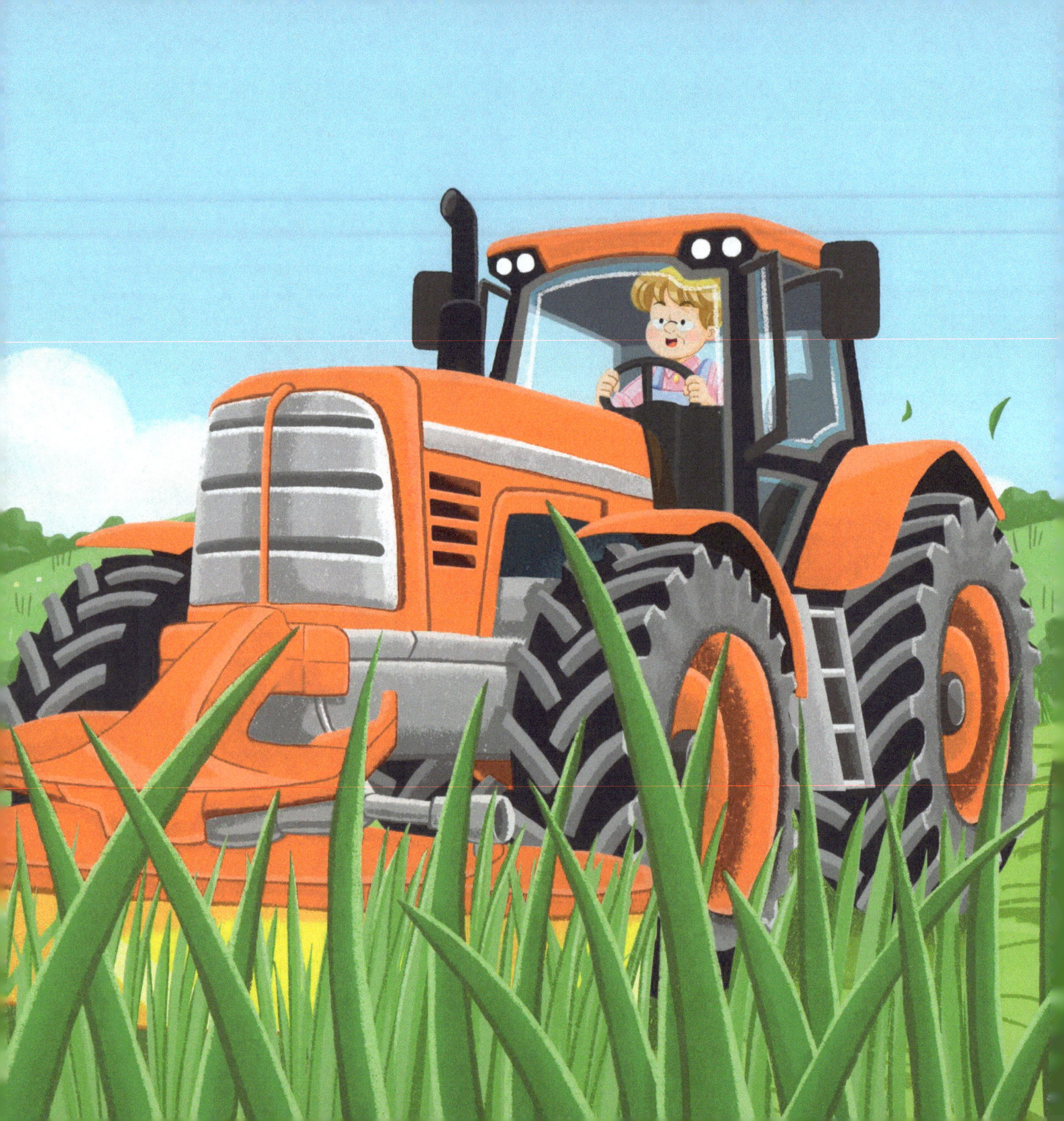

Großartig!
Tante Lotte ist losgefahren. Jetzt kann das Gras bald trocknen und **zu Heu werden**.

Der Traktor ist schmutzig. Kannst du ihn mit deinem Ärmel oder deiner Hand **sauber wischen?**

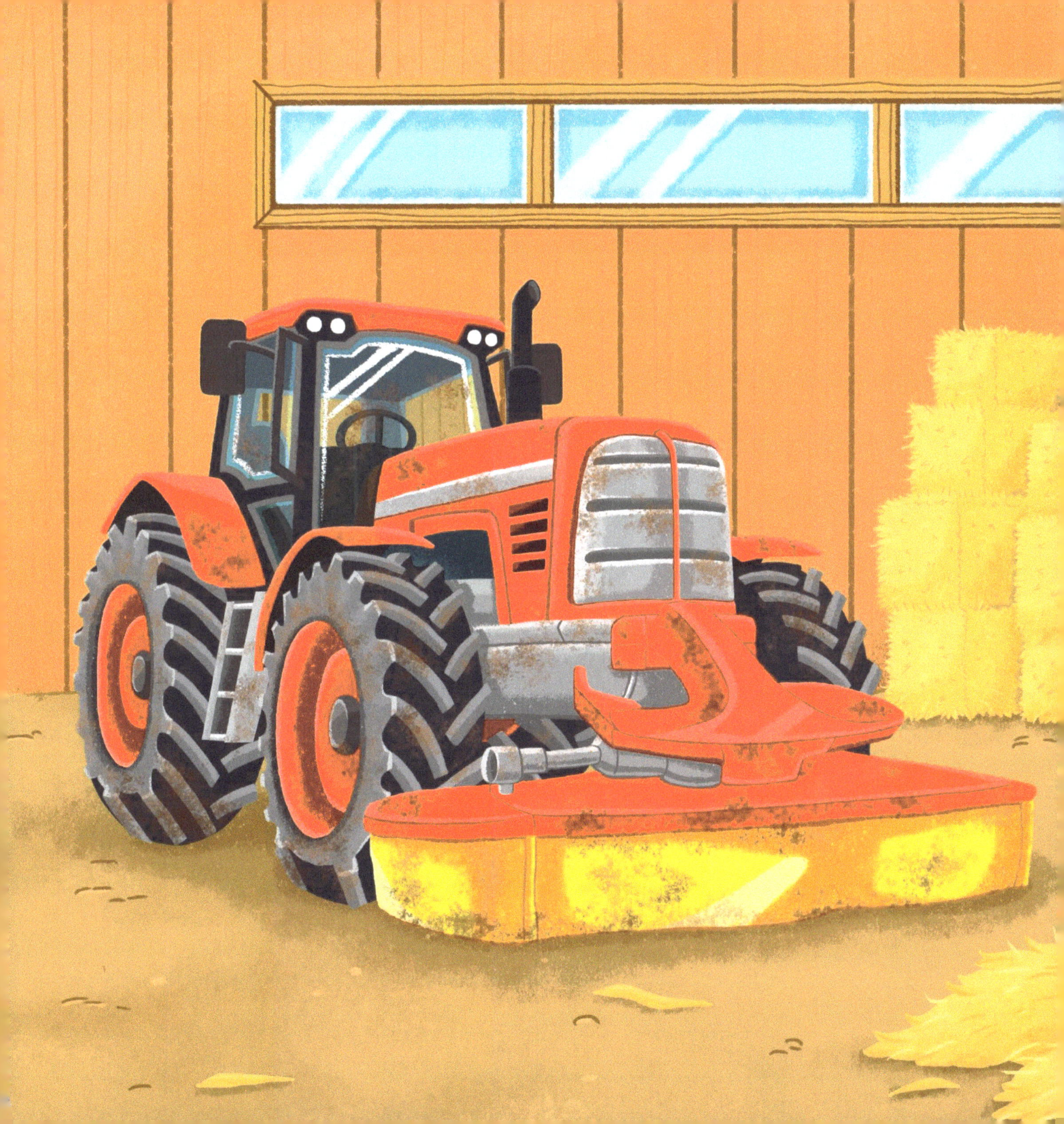

Sensationell!
Der Traktor glänzt ja richtig.

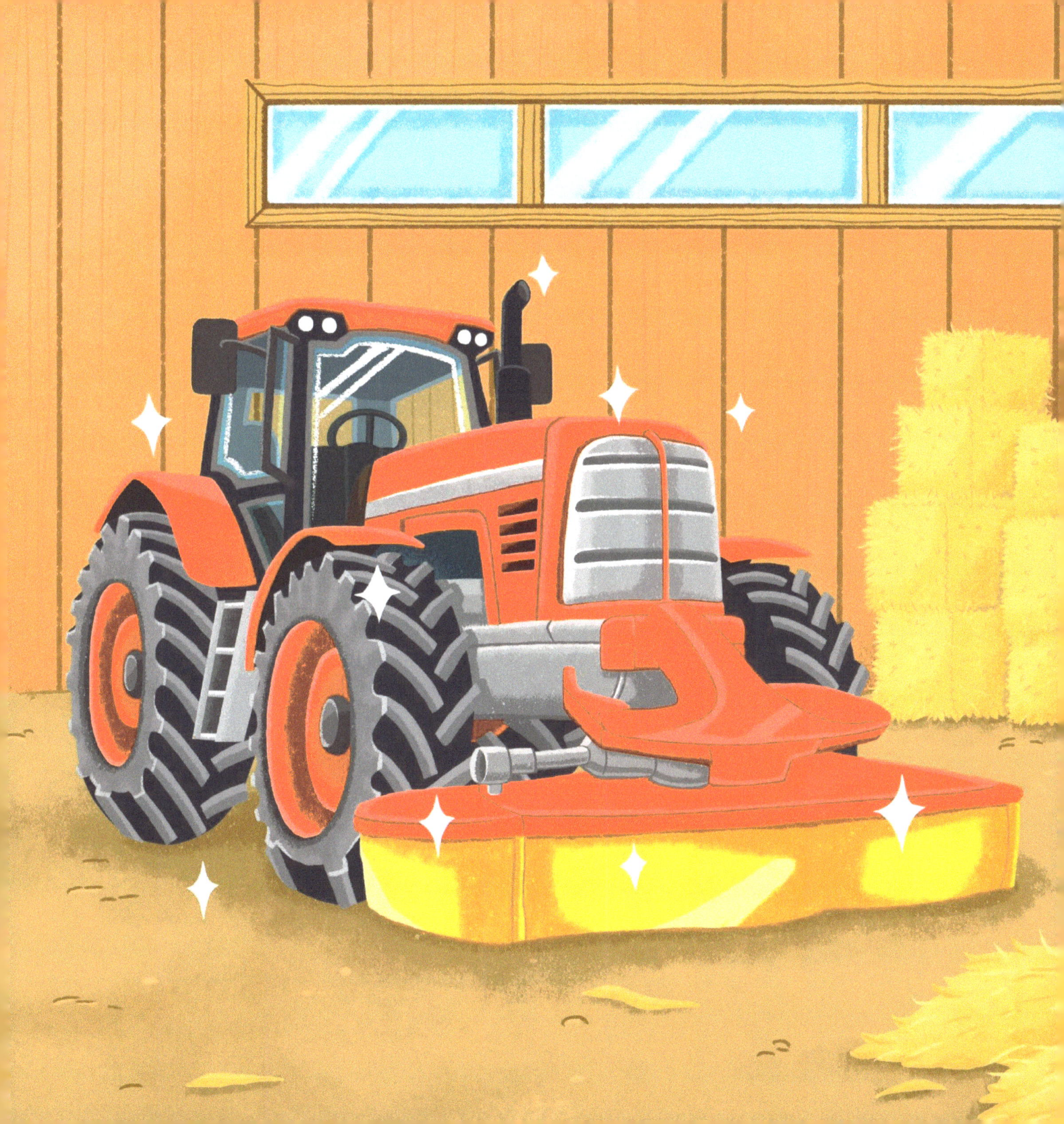

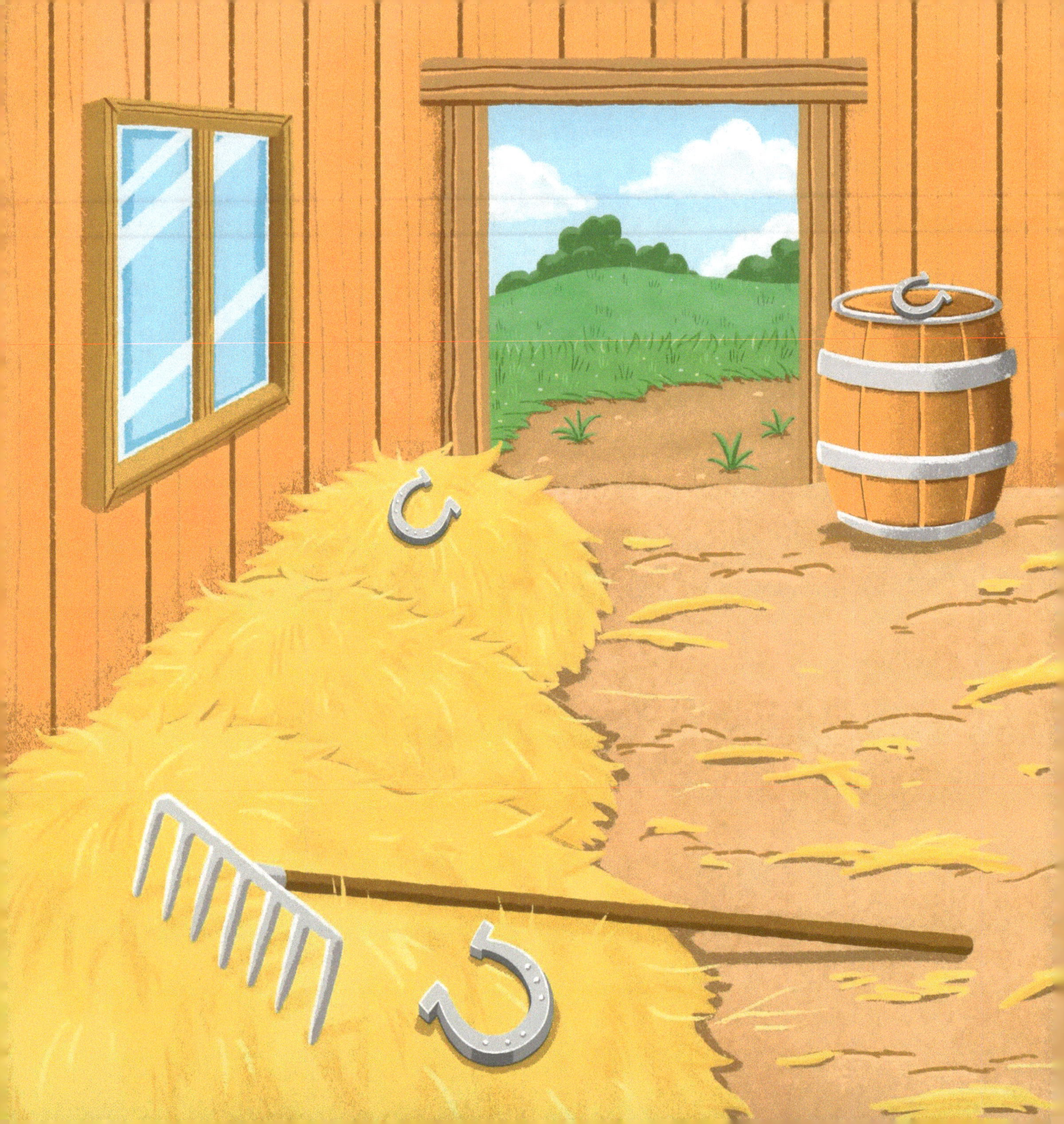

Das arme Pferd Pim hat seine **Hufeisen** verloren.
Kannst du **alle vier** Hufeisen finden? **Tippe sie an.**

Klasse!
Jetzt kann Tante Lotte die Hufeisen wieder anschlagen.

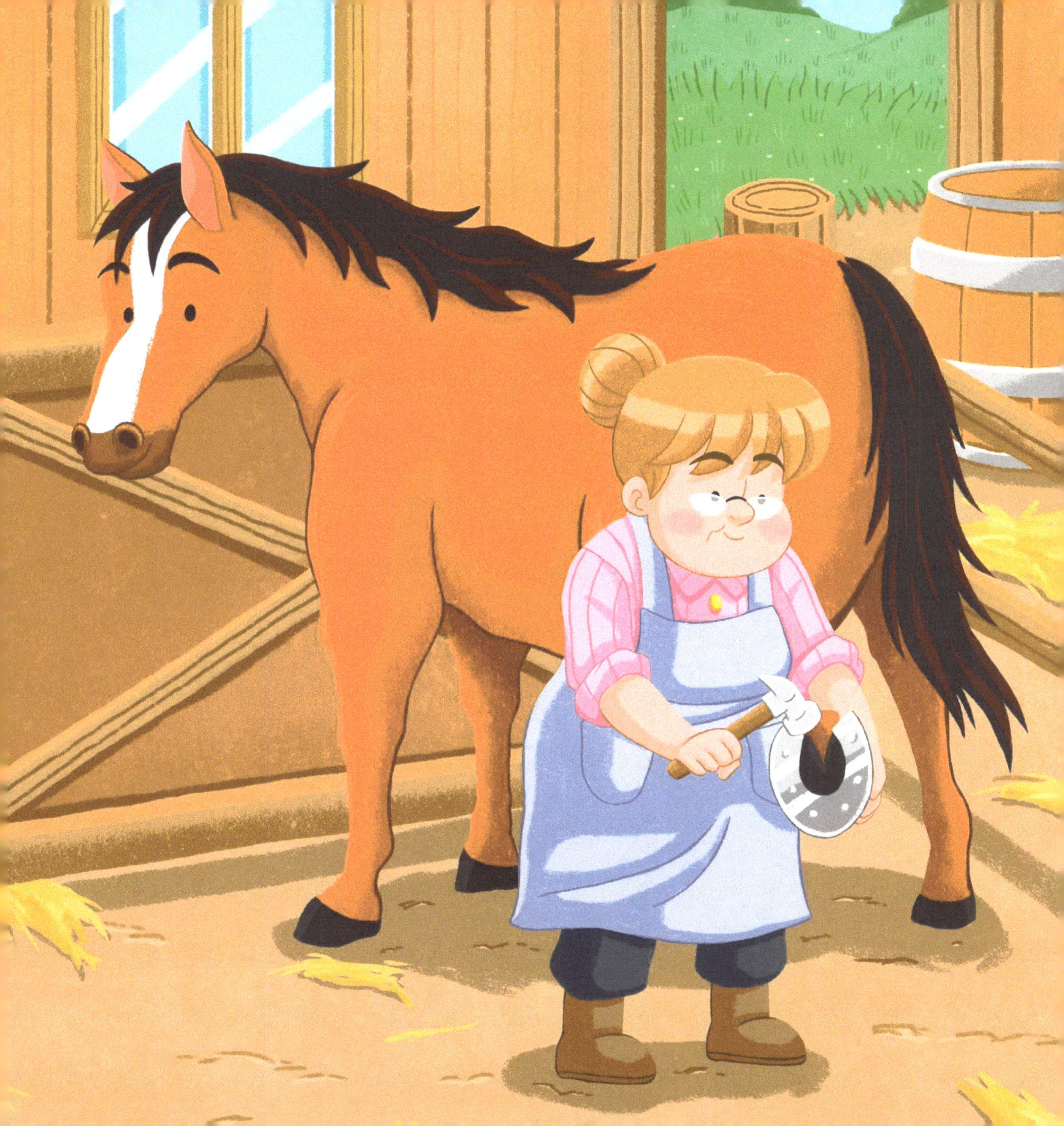

Oh nein! Tante Lottes Katze hat so sehr im Heu getobt, dass ihre **Fellhaare in alle Richtungen abstehen.** Kannst du sie vom Kopf bis zum Schwanz vorsichtig **mit deiner Hand glatt streichen**?

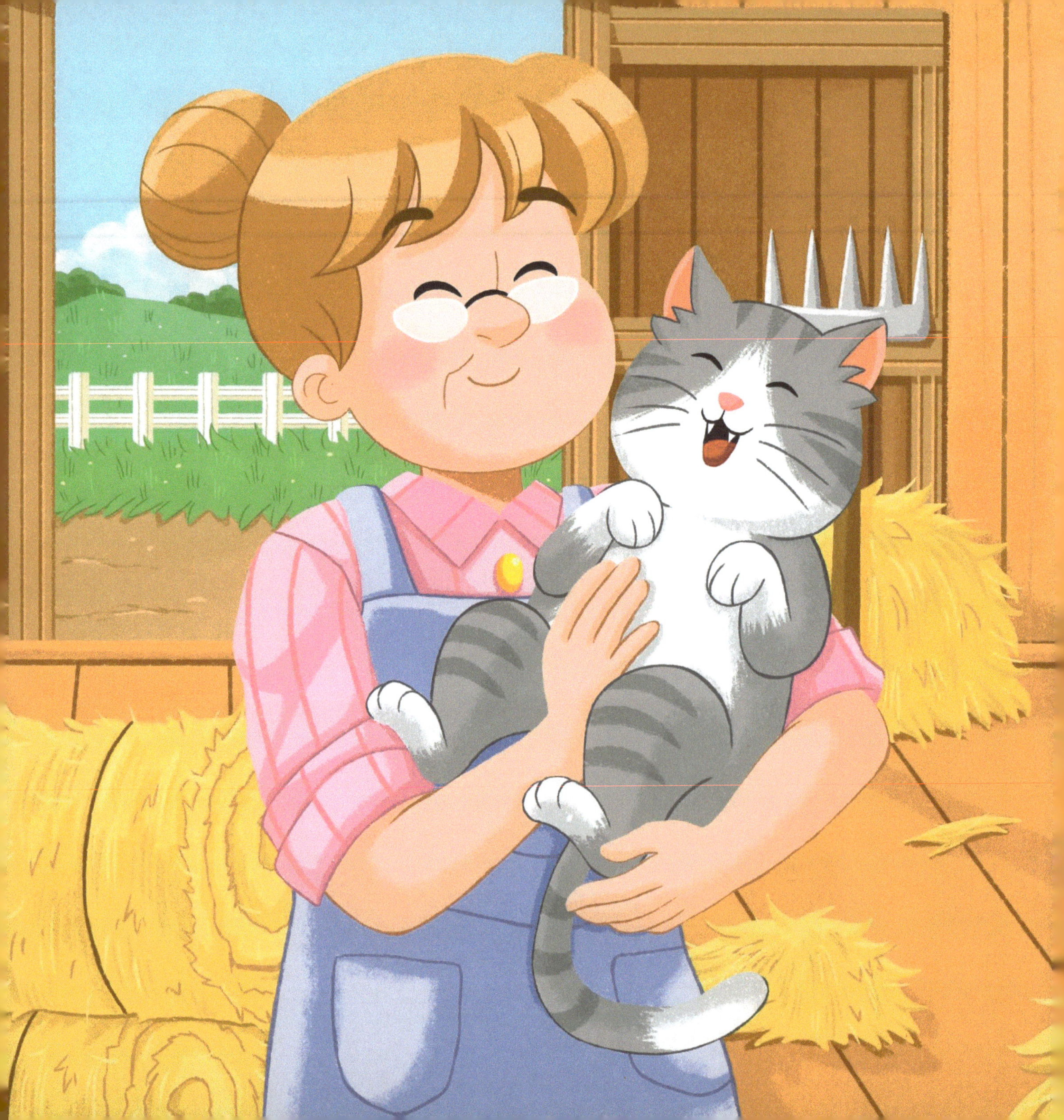

Fantastisch!
Nun ist alles wieder ordentlich.

Die Stute Stella hat **ein Fohlen bekommen**. Die Gänse schnattern vor Aufregung und sind **viel zu laut**. Kannst du deinen Finger auf die Lippen legen und **leise „Pssst"** sagen?

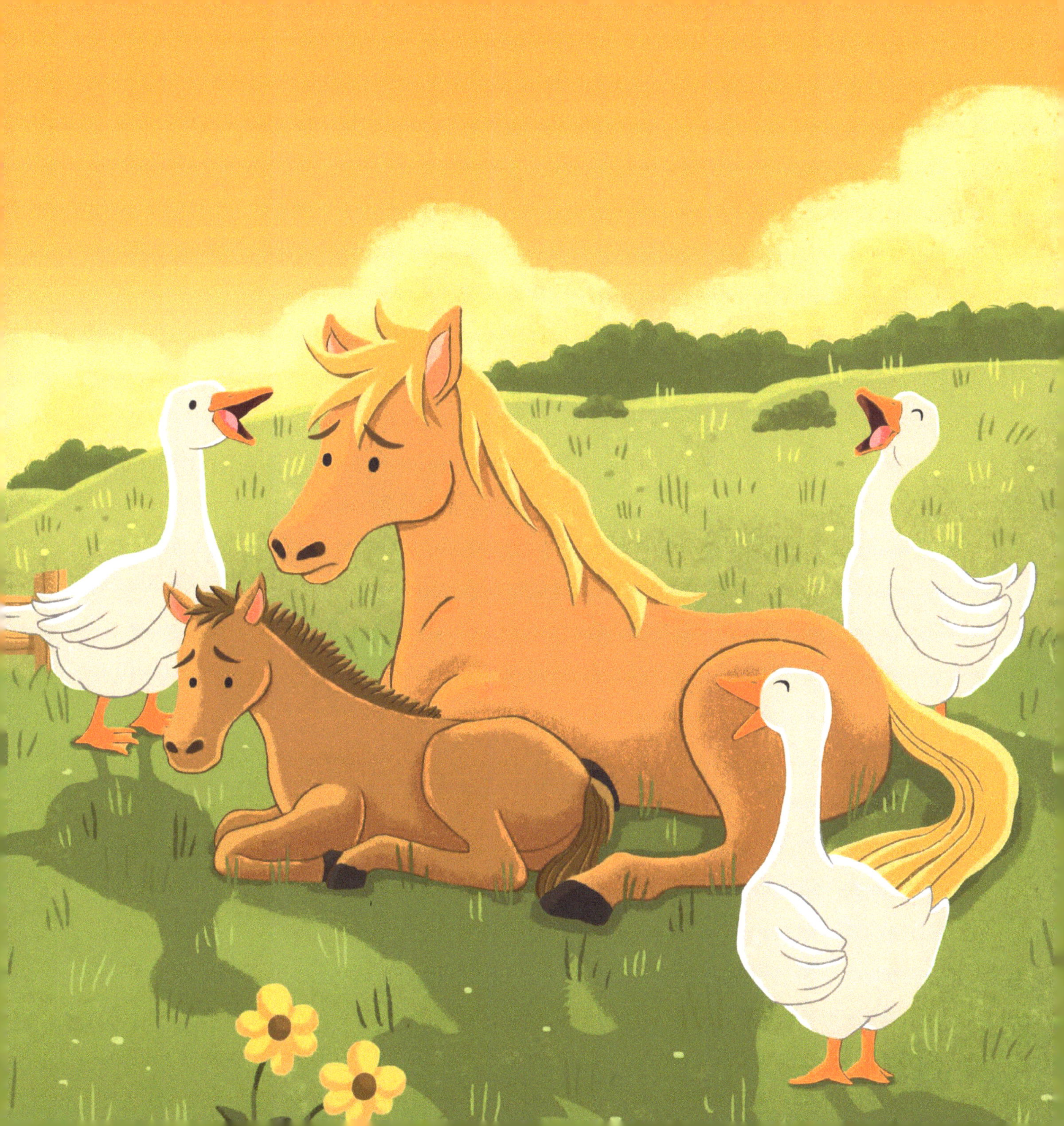

Hervorragend!

Jetzt ist es **angenehm leise**. Das kleine Fohlen und seine Mama **können sich ausruhen**.

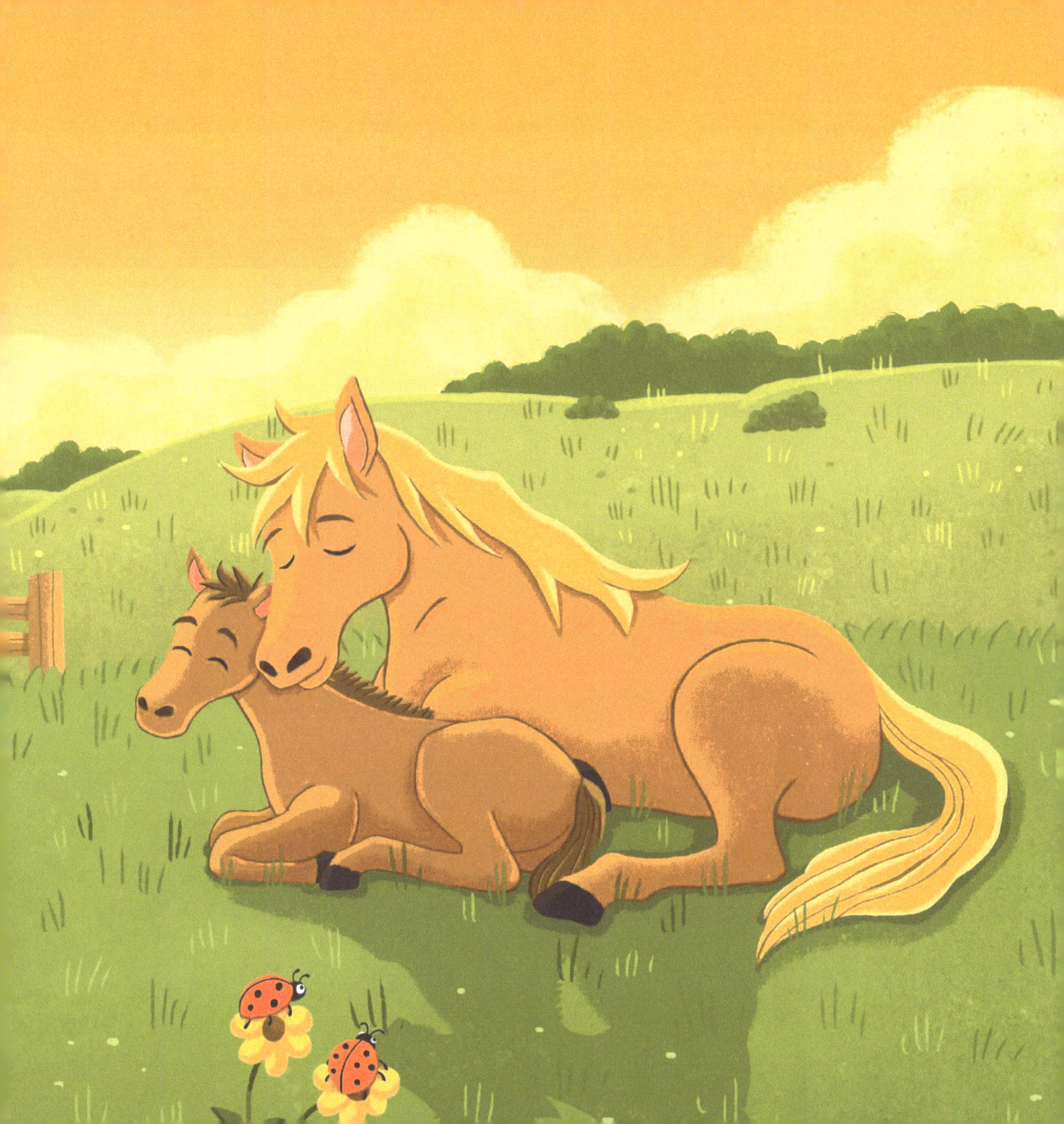

Was für ein **aufregender Tag** auf dem Bauernhof. Du hast heute wirklich **viel geholfen.** Jetzt ist es Zeit, nach Hause zu gehen. **Winke Tante Lotte zum Abschied!**

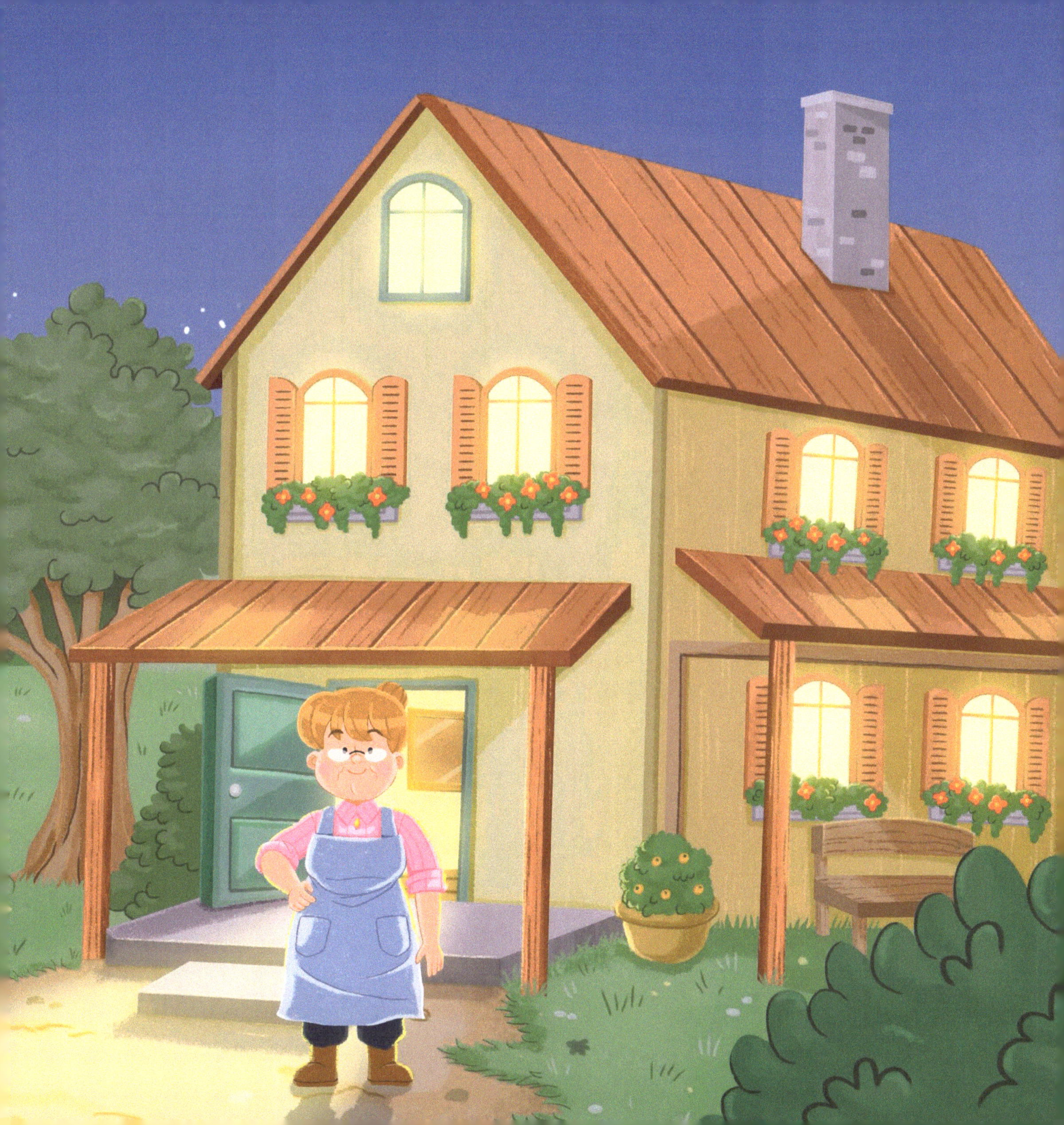

Tante Lotte freut sich und winkt zurück.
„Vielen Dank für deine Hilfe!", ruft sie.
„Komm bald wieder!"

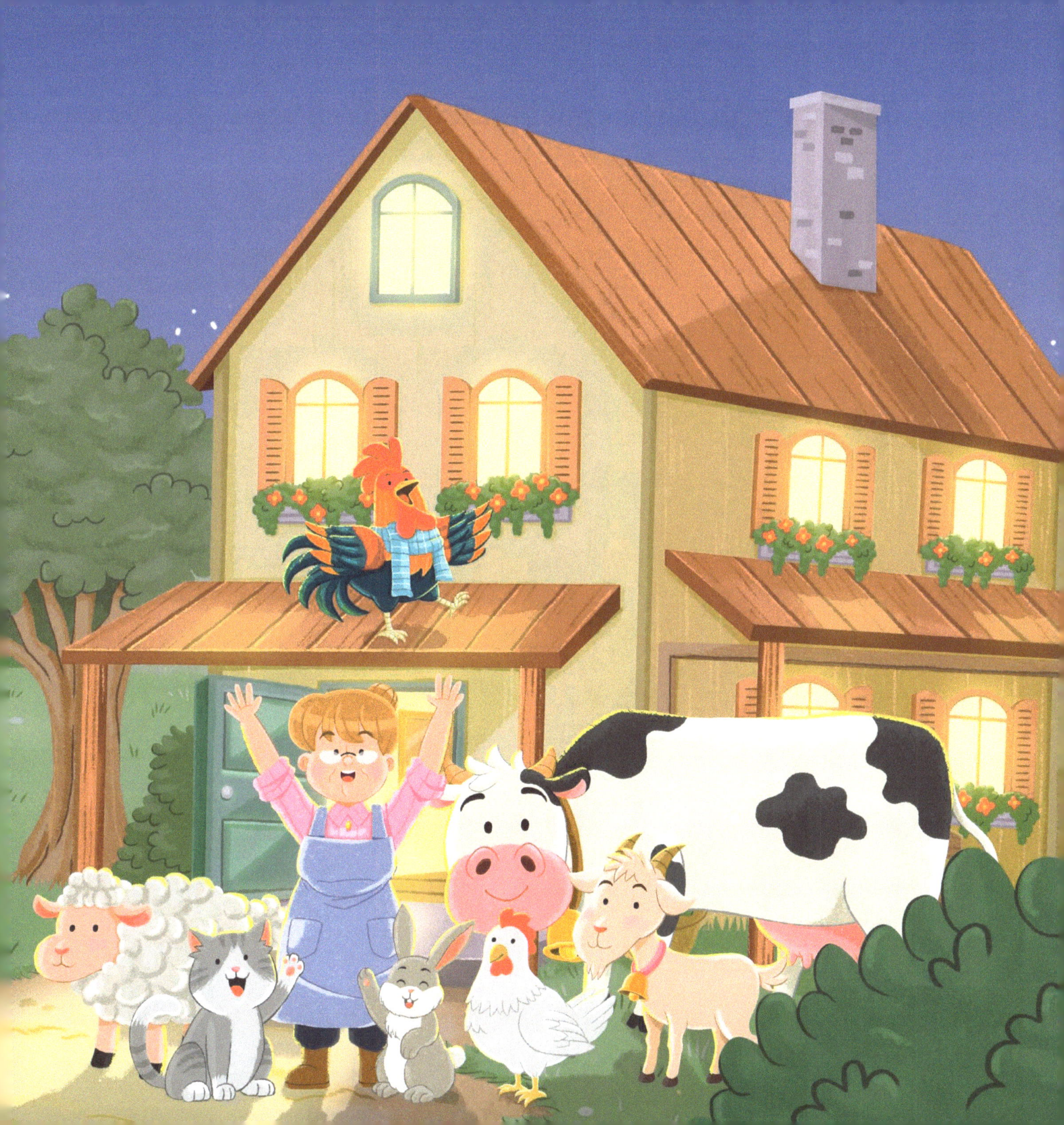

Entdecke weitere spannende Kinderbücher von nigmax

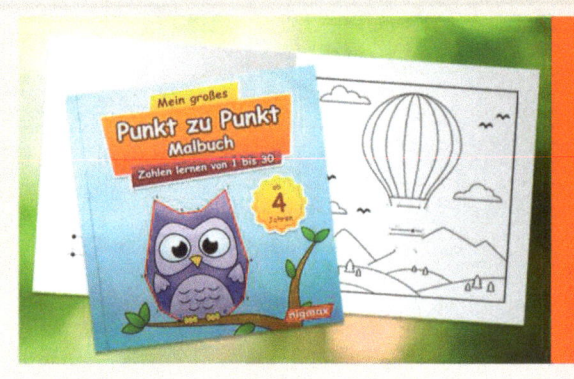

Spielend leicht Zahlen lernen

Punkte verbinden, Bilder entdecken und alles bunt ausmalen! Mit viel Spaß und Freude die Zahlen von 1 bis 30 lernen!

Ab 4 Jahren

Niedliche Kindergedichte

Eine bezaubernde Sammlung von 40 niedlichen Kindergedichten über die Tiere im Wald mit liebevoll illustrierten Bildern!

Von 4 bis 8 Jahren

Positive Gedanken für mehr Selbstliebe

40 wundervoll inspirierende Affirmationen zur Stärkung des Selbstvertrauens und Bildung einer positiven Denkweise!

Von 4 bis 10 Jahren

Vielen Dank!

Ihr seid nun am Ende dieses Mitmachbuchs angekommen. An dieser Stelle möchte ich euch von Herzen dafür danken, dass ihr euch gemeinsam auf diese spannende Bauernhofreise eingelassen habt.

Hat euch das Buch Freude bereitet und konntet ihr zusammen mit den kleinen Helfern viele schöne Momente auf Tante Lottes Bauernhof erleben? Dann würde ich mich sehr freuen, wenn ihr euch ein paar Minuten Zeit nehmt, um dieses Buch auf Amazon zu bewerten. Eure Rezension ist für uns Autoren ein wertvolles Feedback und hilft anderen Eltern dabei, das passende Buch für ihre Kinder zu finden.

Ich danke euch vorab für eure Zeit und Mühe und wünsche euch weiterhin viel Spaß und unvergessliche Abenteuer mit diesem Buch!

Und ganz nebenbei: Habt ihr die Marienkäfer entdeckt?

Habt ihr bemerkt, dass immer mal wieder kleine Marienkäfer im Buch zu sehen waren? Sie haben sich gut versteckt, aber jetzt könnt ihr zurückblättern und nach ihnen suchen!

Sie sind nicht nur niedlich, sondern auch richtige Helfer auf dem Bauernhof! Marienkäfer fressen nämlich Läuse, die den Pflanzen schaden könnten. Deshalb freuen sich die Bauern, wenn viele Marienkäfer auf ihren Feldern unterwegs sind.

Zählt doch einmal nach, wie viele sich im Laufe des Buches auf dem Bauernhof von Tante Lotte versteckt haben. Viel Spaß beim Suchen!

Printed in Poland
by Amazon Fulfillment
Poland Sp. z o.o., Wrocław